AF351144

9 789948 097020

واحة الحكايات للنشر والتوزيع
دبي- واحة دبي للسيليكون
الإمارات العربية المتحدة
Wahat Alhekayat Publishing
and Distribution - UAE
Dubai +97143336366
+971504599804
+971558236687
info@wahatalhekayat.com
www.wahatalhekayat.com
www.wahatalhekayat.academy
سلسلة لكل حرف حكاية
قصة: شجرة الياسمين
تأليف: صفاء عزمي
رسوم: زينة المسيري
ISBN 9789948097020

متجر واحة الحكايات   أكاديمية واحة الحكايات

شَجَرَةُ الياسَمين

تأليف: صفاء عزمي
رسوم: زينة المسيري

يارا تُحِبُّ الزَّرْعَ والتَّزْيِيـنَ...
يارا زَرَعَتْ شَجَرَةَ ياسَمِيـنٍ...
أمامَ بابِ البَيْتِ جِهَةَ اليَمِيـنِ.

وَيَوْمًا بَعْدَ يَوْمٍ تَكْبُرُ الشَّجَرَةُ...
شَجَرَةُ الْياسَمِينَ... أمامَ بابِ
الْبَيْتِ جِهَةَ الْيَمِينِ.

6

يَوْمَ الِاثْنَيْنِ تَفَتَّحَ الزَّهْرُ...
زَهْرُ الْياسَمِينِ، أمامَ بابِ
الْبَيْتِ جِهَةَ الْيَمِينِ.

جاءَتْ يَمامَةٌ وبَنَتْ عُشًّا عَلى شَجَرَةِ الياسَمينِ، أمامَ بابِ البَيْتِ جِهَةَ اليَمينِ.

خَرَجَتِ الفَراشاتُ مِنَ اليَرَقاتِ
عَلى شَجَرَةِ الياسَمينَ...
أمامَ بابِ البَيْتِ
جِهَةَ اليَمينِ.

أُمِّي أَنْجَبَتْ بِنْتًا صَغِيرَةً،
أُخْتِي الصَّغِيرَةُ اسْمُها ياسَمِينُ...

أُخْتِي تُحِبُّ أَنْ تُشاهِدَ الفَراشاتِ
عَلى شَجَرَةِ الياسَمِينِ... أمامَ بابِ
البَيْتِ جِهَةَ اليَمِينِ.

15

نِقاشٌ: هَلِ الأَشْجارُ تَكْبُرُ بِسُرْعَةٍ؟

تَفْكيرٌ: لِماذا بَنَتِ اليَمامَةُ عُشَّها عَلَى شَجَرَةِ الياسَمينِ؟

تَأَمُّلٌ: في صَفْحَةِ (4-5) أُشيرُ إلى جِهَةِ اليَمينِ.

اِقْتِراحٌ: أَقْتَرِحُ إضافَةً إِلَى القِصَّةِ... أُضيفُ أَنْواعًا أُخْرَى مِنَ النَّباتاتِ تَزْرَعُها يارا في الحَديقَةِ.

وَصْفٌ: أَبْحَثُ عَنْ حَشَرَةٍ تُعْجِبُني، وأَصِفُها بِعِدَّةِ كَلِماتٍ... مِثالٌ: فَراشَةٌ صَغيرَةٌ، رَقيقَةٌ، لَوْنُها أَصْفَرُ...

أَفْكارٌ لِلْأُسْرَةِ والمُعَلِّم

- في الصَّفْحَةِ المُقابِلَةِ، نَجِدُ مَجموعَةً مِنَ الأفْكارِ الَّتي تُساعِدُ عَلَى تَنْميةِ مَهاراتٍ أساسيَّةٍ لَدَى الطِّفْلِ، مِثلَ: القُدْرَةِ عَلَى النِّقاشِ والتَّفْكيرِ التَّحليلي النّاقِدِ، وقُوَّةِ الـمُلاحَظَةِ، والتَّواصُلِ، والإبْداعِ.

- يُمْكِنُ أَنْ نَأْخُذَ بِهَذِهِ الأفْكارِ، جَميعِها أوْ بَعْضِها.

- يُمْكِنُ أَنْ نُكَرِّرَ قِراءَةَ القِصَّةِ، وفي كُلِّ مَرَّةٍ نَخْتارُ بَعْضَ الأفْكارِ لِنُناقِشَها.

- إذا أَحَسَّ الطِّفْلُ بالنُّعاسِ أثْناءَ القِصَّةِ، مِنَ الأفْضَلِ أَنْ نَتَوَقَّفَ ونُكْمِلَ القِصَّةَ لاحِقًا.

- في بَعْضِ الأحْيانِ يُجيبُ الطِّفْلُ عَلَى النِّقاشِ بـ«نَعَمْ» أوْ «لا»، أوْ بِكَلِمَةٍ واحِدَةٍ. في هَـذِهِ الحالَةِ أُعْطي الطِّفْلَ بَعْضَ الوَقْتِ؛ كَيْ يَبْحَثَ عَنْ جُمْلَةٍ أوْ فِكْرَةٍ، ويُمْكِنُ أَنْ أُحَفِّزَهُ عَلَى الاسْتِمْرارِ في الحَديثِ بِكَلِماتٍ مِثْلَ: أحْسَنْتَ، رُبَّما، لِماذا؟ كَيْفَ؟ أَيْنَ؟ هَلْ تُحِبُّ؟ هَلْ تَعْتَقِدُ؟

- الهَدَفُ مِنْ هَذِهِ القِصَصِ لَيْسَ فَقَطِ الاسْتِمْتاعَ بِالقِراءَةِ، وتَعَلُّمَ الحُروفِ، ولكِنَّهُ أيْضًا رَبْطُ أحْداثِ القِصَّةِ والشَّخْصِيّاتِ والأماكِنِ بِعالَمِ الطِّفْلِ، وتَنْميةُ هِواياتِهِ وقُدْرَتِهِ عَلَى التَّعْبيرِ.